„Optimal statt maximal trainieren!"

Krafttraining mit der ILB-Methode

von

Diplom-Sozialökonom
Stefan Wahle
lizenzierter Fitnesstrainer

akkreditiert bei: www.trainerregister.de

1

Impressum

1. Auflage 2014

Autor: Stefan Wahle, Hamburg

E-Mail: info@sw-sportbuch.de

Internet: www.sw-sportbuch.de

Fan-Page von Stefan Wahle bei Facebook.com:
http://www.facebook.com/Stefan.Wahle.Autor

Verlag und
Herstellung: BoD Books on Demand, Norderstedt

ISBN: 978-3-7357-9290-7

Inhaltsverzeichnis

1.   Einleitung

2.   Diagnose
2.1.   Eingangsgespräch
2.2.   Biometrische Daten
und deren Bewertung
2.3.   ILB-Test
2.4.   Beweglichkeitstests
2.4.1.   Brustmuskulatur
2.4.2.   Hüftbeugemuskulatur
2.4.3.   Kniestreckmuskulatur
2.4.4.   Kniebeugemuskulatur
2.4.5.   Wadenmuskulatur

3.   Zielsetzung

4.   Trainingsplanung
4.1.   Makrozyklus
4.2.   Meso- und Mikrozyklus

5.   Trainingsdurchführung
5.1.   Übungsanalyse
Ruderzugmaschine
5.2.   Übungsanalyse Beinpresse,
horizontal sitzend

6.   Analyse / Re-Test

7.   Schlusswort

8.   Anlagen

9.   Buchempfehlungen

10.   Über den Autor

Stefan Wahle und seine Bücher auf dem Verlagsstand
von BoD aus Norderstedt auf der Frankfurter Buchmesse
2010

1.   Einleitung

Dieses Buch soll Trainern und Trainierenden eine Anleitung zum unter sportwissenschaftlichen Gesichtspunkten optimalen Krafttraining mit der individuellen Leistungsbild-Methode (ILB-Methode) geben. Vielfach wird in den Studios unter dem Gesichtpunkt trainiert, viel Gewicht bewirkt auch großen Muskelzuwachs. Dies ist leider falsch, denn manchmal ist weniger letztendlich mehr. Selbst sehr erfolgreiche Sportler im Bodybuilding, die aufgrund ihrer mentalen Stärke, ihres Einsatzes und ihrer Genetik erhebliche Erfolge erzielen, können mit einem geplanten und wissenschaftlich fundierten Krafttraining noch bessere Ergebnisse erzielen.

Im folgendem wird dem Leser aufgezeigt, wie eine Zusammenarbeit von Trainierenden und Trainer im Fitnessstudio optimal ablaufen sollte. Alles beginnt mit einer fundierten Diagnose, also einem Eingangsgespräch, in dem wichtige Daten für die spätere Planung gewonnen werden. Es werden biometrische Daten erhoben und bewertet sowie Beweglichkeits- und Krafttests durchgeführt. Gemeinsam werden dann realistische Ziele definiert und daraufhin das Krafttrainingsprogramm sinnvoll geplant und zusammengestellt.

Bei den dargestellten Tests und Gewichtsangaben handelt es sich um beispielhafte Berechnungen, die natürlich nur sinngemäß auf andere Personen übertragen werden können. Jedes Individuum hat andere, individuelle Voraussetzungen und erzielt in Tests und

Training andere Ergebnisse. Entscheidend hier ist die Methodik, die dahinter steckt und immer gleich ist. Auch die Ziele sind natürlich für jeden Sportler unterschiedlich und führen daher zu unterschiedlichen Planungen und einer individuellen Auswahl der Übungen. Dieser Umstand macht das gesamte Procedere so zeit- und arbeitsaufwendig. Daher wird es aus Kostengründen leider in manchen Sporteinrichtungen vernachlässigt. Aber gerade an der Arbeitsweise und der Betreuung erkennt man die Qualität des betreffenden Studios.

2. **Diagnose**
2.1. **Eingangsgespräch**

Im Rahmen des Eingangsgespräches wurden folgende Daten ermittelt:

Angaben zur Person

Name: Mustermann

Vorname: Max

Straße: Musterstr. 40

Ort: 3000 Musterstadt

Telefon: 0179 – xxxxxxxx

Geb.: 28.03.1973, Alter: 35

E-Mail: xxxxxxxx@gmx.de

Geschlecht: männlich

Kundenwünsche

Muskelaufbau

Herz-Kreislauf-Training

Zur Verfügung stehende Zeit

3 Einheiten pro Woche

ca. 2 Std. pro Einheit

Aktuelle und früher betriebene Sportarten

aktuell: keine   früher: Ju-Jutsu 2 x pro
                                        Woche

Körperliche Belastungen im Beruf

körperlich leichte, vorwiegend sitzende Tätigkeit im Büro
mit geringer Stressbelastung

Einschätzung des eigenen Fitnessniveaus

mittelmäßig bis schlecht, da seit Jahren kein Sport mehr

Gesundheitliche Voraussetzungen

keine   gesundheitlichen   Einschränkungen,   keine
Medikamenteneinnahme

2.2.   Biometrische Daten und deren Bewertung

Körpergröße: 182 cm   Gewicht: 74 kg
Hüftumfang: 94 cm   Taillenumfang: 83 cm

	Gemessener Wert	Norm	Bewertung
BMI	22,34	18,5 – 24,9	normal
Ruhepuls	68 Schläge/ Minute	60-80 (Untrain.)	normal
Blutdruck	118 / 77	< 120 / 80	optimal
THQ	0,88	$\leq$ 1	Birne (gut)
Körperfett (BIA)	23,5%	20-24,9	grenzwertig

Der Body-Maß-Index (BMI) wurde wie folgt errechnet: Körpergewicht in kg geteilt durch (Körpergröße in m)². Das Ergebnis liegt im Normbereich.

Der Ruhepuls wurde vom Kunden selbst an 5 aufeinander folgenden Tagen morgens gleich nach dem Aufwachen und vor dem Aufstehen im Bett gemessen. Dann wurde ein Durchschnittswert berechnet. Bei gleicher Gelegenheit wurde auch der Blutdruck gemessen. Der Ruhepuls entspricht dem Durchschnitt und spiegelt den Ausdauerleistungszustand des Kunden wider, den dieser verbessern möchte. Der Blutdruck liegt im optimalen Bereich.

Der Taille-Hüft-Quotient (THQ) wurde wie folgt errechnet: Taillenumfang in cm geteilt durch Hüftumfang in cm. Der Wert ist kleiner als 1 (bei Frauen beträgt der Grenzwert 0,85), wonach eine birnenförmige Körperfettverteilung vorliegt. Dies ist gesundheitlich deutlich günstiger als die Apfelform, da bei letzterer eine hohe Körperfetteinlagerung im Bauchraum erfolgt, was zu einem erhöhten Risiko für das Auftreten von Herz-Kreislauf-Erkrankungen führt.

Das Körperfett wurde mit der Bioimpedanzanalyse in Form einer Körperfettmesswaage ermittelt. Das Ergebnis liegt für einen 35-jährigen Mann im grenzwertigen Bereich.

2.3.   ILB-Test

Der Kunde ist Krafttrainingsbeginner und hat bereits die Orientierungsstufe durchlaufen (gemäß ILB-Grobraster, siehe unter Punkt 8. Anlagen auf Seite 44).

Der ILB-Test gehört zu den deduktiven Intensitätsbestimmungsmethoden, bei dem durch einen Krafttest die Berechnungsgrundlage für die späteren Trainingsintensitäten ermittelt werden soll.
Es wird mit dem Test für jede einzelne geplante Übung mit der im Trainingsplan zuvor festgelegten Wiederholungszahl (beeinflusst durch das Trainingsziel und die festgelegte Trainingsmethode: Kraftausdauer, Hypertrophie oder Maximalkraft) das höchstmögliche Gewicht ermittelt, bei dem eine korrekte Ausführung der Übung bis zur letzten Wiederholung gewährleistet ist. Diese Ermittlung sollte in 2 – 3 Testsätzen bei normalem Bewegungstempo ermittelt werden. Das spätere Trainingsgewicht ist dann der prozentuale Anteil an dem ILB-Testgewicht gemäß Grobraster.

Die im ILB-Test ermittelten Werte und die daraus berechneten Trainingsgewichte entnehmen Sie bitte den Meso-/Mikrozyklusplänen unter Punkt 4.2. auf Seite 21 dieses Buches.

2.4.   Beweglichkeitstests

Mit dem hier verwendeten vereinfachten Testverfahren in Anlehnung an die Muskelfunktionsüberprüfung nach Janda sollen eventuell vorhandene

9

Beweglichkeitsdefizite unseres Kunden aufgedeckt werden.

2.4.1. Brustmuskulatur

Der Kunde legt sich in Rückenlage auf die Untersuchungsliege; Beine angewinkelt aufgestellt; beide Arme gestreckt nach hinten, parallel zueinander, Handflächen nach oben.

Der Kunde kann seine gestreckten Arme ablegen. Somit kann eine gute/normale Dehnungsfähigkeit/Beweglichkeit der Brustmuskulatur festgestellt werden.

Würden die Oberarme nicht aufliegen, sich aber noch in der Horizontalen befinden, wäre die Beweglichkeit leicht eingeschränkt.

Liegen die Oberarme nicht auf und sind über der Horizontalen, sind erhebliche Beweglichkeitsdefizite erkennbar.

2.4.2. Hüftbeugemuskulatur

Der Kunde legt sich in Rückenlage auf die Untersuchungsliege mit dem Gesäß an der Liegenkante; ein Bein hängt über den Liegenrand, Unterschenkel hängt senkrecht nach unten; Becken und Lendenwirbelsäule liegen auf (wichtig, da ansonsten das Testergebnis verfälscht wird); das andere Bein wird angewinkelt zum Körper herangezogen.

Der Oberschenkel des hängenden Beines kann vom Kunden 10-15 Grad unterhalb der waagerechten Körperverlängerung gebracht werden. Somit kann eine gute/normale Dehnungsfähigkeit/Beweglichkeit der Hüftbeugemuskulatur des Kunden festgestellt werden.

Bei 0 Grad zur Körperlängsachse würden wir von einer leichten Einschränkung und bei mehr als 0 Grad über der Körperlängsachse von einer stark eingeschränkten Beweglichkeit sprechen.

2.4.3. Kniestreckmuskulatur

Der Kunde liegt in Rückenlage auf der Untersuchungsliege mit dem Gesäß am Liegenrand; ein Bein wird angewinkelt zum Bauch herangezogen; das andere Bein hängt frei mit dem Oberschenkel waagerecht über dem Boden und wird so von mir als Tester fixiert; der Unterschenkel baumelt locker Richtung Boden. Nun beuge ich als Tester das Knie des Kunden, indem ich den Unterschenkel in Richtung des hinteren Oberschenkels bringe.

Der Winkel des Knies zwischen Oberschenkel/Unterschenkel an der Kniekehle ist kleiner als 90 Grad. Damit kann beim Kunden eine gute/normale Beweglichkeit der Kniestreckmuskulatur festgestellt werden.

Bei einem Kniewinkel von 90 Grad würden wir von einer leichten Einschränkung und bei einem Kniewinkel von mehr als 90 Grad von einer starken Einschränkung der Beweglichkeit sprechen.

2.4.4. Kniebeugemuskulatur

Der Kunde liegt in Rückenlage mit dem ganzen Körper auf der Untersuchungsliege; ein Bein liegt gestreckt auf der Liege; das andere Bein wird gestreckt in Richtung Oberkörper bewegt (maximal mögliche Hüftbeugung). Wichtig ist auch hier, dass Becken und Lendenwirbelsäule stets aufliegen und fixiert sind, um ein Verfälschen des Ergebnisses zu vermeiden.

Der Kunde kann das Bein soweit anwinkeln, dass der Winkel zwischen Liege und bewegtem Bein größer als 90 Grad ist. Somit kann eine gute/normale Beweglichkeit der Kniebeugemuskulatur festgestellt werden.

Bei einem Hüftbeugewinkel von 80-90 Grad wären leichte und bei einem Hüftbeugewinkel von unter 80 Grad erhebliche Beweglichkeitsdefizite erkennbar.

2.4.5. Wadenmuskulatur

Der Kunde steht mit beiden Füßen auf dem Boden, schulterbreit auseinander; der Körper ist gerade senkrecht aufgerichtet; beide Arme werden waagerecht zum Boden nach vorne gestreckt; jetzt geht der Kunde tief in die Hocke, wobei der Oberkörper möglichst aufrecht und der Rücken gerade bleibt.

Die Fersen des Kunden bleiben am Boden. Damit kann eine gute/normale Beweglichkeit/Dehnfähigkeit der Wadenmuskulatur festgestellt werden.

Sobald die Fersen vom Boden abheben, sprechen wir von einer stark eingeschränkten Beweglichkeit bei diesem Test.

3.   Zielsetzung

Aufgrund der im Eingangsgespräch ermittelten Kundenwünsche (Muskelaufbau und Herz-Kreislauf-Training) können folgende Ziele abgeleitet werden:

Hauptziele:

Inhalt:	Ausmaß:	Zeit:
Muskelaufbau	3 Kilo	6 Monate
Senkung Ruhepuls	12 Schläge/Min.	6 Monate

Teil- / Feinziele:

Inhalt:	Ausmaß:	Zeit:
Senkung Ruhepuls	2 Schläge/Min.	4 Wochen

Feinstziele:

Im Rahmen einer Trainingseinheit soll das Cardiotraining für einen Untrainierten mit 30 Minuten auf dem Cross-

Trainer mit einer Herzfrequenz von 111 bis 139 Schlägen die Minute erfolgen.

Begründung:
Der Kunde wünscht einen Muskelaufbau. Da er sich im 1. Trainingsjahr befindet, sind Muskelzuwächse von 5-8 kg in einem Jahr realistisch. Für die ersten 6 Monate wurde daher ein Muskelzuwachs von 3 kg angesetzt. Auf ein weiteres Herunterbrechen auf Teilziele wurde hier verzichtet, da dies kaum noch messbar und zu berechnen ist.

Der Kunde wünscht außerdem ein Herz-Kreislauf-Training zu Verbesserung seiner Ausdauer. Zur Messung seines Ausdauerzustandes wurde sein Ruhepuls als Messlatte herangezogen. Dabei wird eine Leistungsverbesserung durch Absenkung des Ruhepulses um 12 Schläge die Minute in 6 Monaten als erzielbar angesehen.

Der Ruhepuls kann nur morgens sofort nach dem Aufwachen im Bett gemessen werden. Dies wird an 5 aufeinander folgenden Tagen getan und dann ein Durchschnittswert gebildet.
Dem gegenüber steht der so genannte Tagespuls, der tagsüber zwischendurch gemessen werden kann. Der Tagespuls liegt in der Regel ca. 5-10 Schläge über dem Ruhepuls.

Als Feinstziel wurde für den Kunden eine Cardiotrainingseinheit ausgearbeitet. Seine maximale Herzfrequenz (Hfmax) wurde aufgrund seines Alters von

35 Jahren (Berechnung bei der sportlichen Tätigkeit Laufen/Walking: 220 minus Lebensalter; Fahrradfahren: 200 minus Lebensalter) mit 185 berechnet. Da er noch untrainiert ist wurde sein Trainingsfrequenzbereich mit 60-75% der Hfmax festgelegt. Das ergibt eine Trainingsherzfrequenz (THf) von 111-139 Schlägen die Minute. Untrainierte sollten ca. 2-3-mal die Woche zwischen 20-30 Minuten trainieren, um einen Trainingserfolg zu erzielen, sich jedoch nicht zu überfordern.

Trainierte Personen können mit einem Trainingsfrequenzbereich von 75-85% der Hfmax belastet werden. Optimaler Weise trainieren diese dann 3-4-mal die Woche mit 30-60 Minuten pro Einheit.

4. Trainingsplanung

4.1. Makrozyklus

Leistungsstufe: Beginner (nach ILB-Grobraster gemäß Anlage Punkt 8. auf Seite 44 in diesem Buch)

Makrozyklus

	Mesozyklus 1	Mesozyklus 2	Mesozyklus 3	Mesozyklus 4
Dauer	6 Wochen	6 Wochen	6 Wochen	6 Wochen
Trainingsziel	Kraftausdauer	Hypertrophie	Hypertrophie	Maximalkraft
Trainingssystem	Ganzkörpertr.	Ganzkörpertr.	Ganzkörpertr.	Ganzkörpertr.
Häufigkeit/Woche	3 Einheiten	3 Einheiten	3 Einheiten	3 Einheiten
Übungen/Muskel	1 - 2	1 - 2	1 - 2	1 - 2
Sätze/Übung	2	2	2	2
Intensität	50 - 70 % ILB	50 - 70 % ILB	50 - 70 % ILB	50 - 70 % ILB
Wiederholungen	25	12	8	5
Satzpausen	30 Sekunden	60 Sekunden	60 Sekunden	90 Sekunden

vor jedem Mesozyklus erfolgt ein ILB-Test mit der jeweiligen Wiederholungszahl

Die Mesozyklusdauer beträgt jeweils 6 Wochen.

Der Makrozyklus beginnt sinnvoller Weise mit einem Mesozyklus Kraftausdauer, um die Infrastruktur für die weiteren Zyklen zu schaffen (Kapillarisierung, Verbesserung des Stoffwechsels, Erhöhung der Ermüdungswiderstandsfähigkeit der Muskulatur, Gewöhnung der bradytrophen Strukturen an die späteren höheren Belastungen etc.). Da der Kunde eine Schwerpunktsetzung auf Muskelaufbau wünscht, werden anschließend an den Kraftausdauerzyklus zwei Zyklen des Hypertrophietrainings absolviert. Dabei findet eine Intensitätssteigerung mit geringerer Wiederholungszahl statt.

Im letzten Zyklus erfolgt ein Training der Maximalkraft zur Verbesserung des neuromuskulären Zusammenspiels (intramuskuläre Koordination) und zur Erhöhung des Kraftniveaus.

Da der Kunde ein Beginner mit begrenzter Zeit ist, ist ein Ganzkörpertraining (GK-Training) sinnvoll. Ebenfalls leitet sich aus diesem Umstand die Übungszahl je Muskel und die Satzzahl ab. Die Intensität wird gemäß der Leistungsstufe (Beginner) aus dem ILB-Grobraster (Tabelle in der Anlage auf Seite 44 in diesem Buch) mit 50-70% des ILB-Testgewichtes abgeleitet.

Die Häufigkeit des Trainings pro Woche ergibt sich aus den Vorgaben des Kunden, die im Eingangsgespräch ermittelt wurden. Ein Training alle 2 Tage ist außerdem als sinnvoll anzusehen, da zum einen die Erholungsphase von 48 Stunden eingehalten wird (Anfänger: 48-72 Stunden durchschnittlich notwendige Regenerationszeit nach Kraftbelastungen; Fortgeschrittene: 24-48 Stunden; Leistungs- und

Hochleistungssportler: 12-24 Stunden) und zum anderen aber auch die Proteinsynthese der Muskulatur optimiert wird, was ein Training der aufzubauenden Muskeln alle 2 Tage erfordert.

Die Wiederholungen in den unterschiedlichen Zyklen ergeben sich aus der Trainingsmethode (Kraftausdauer zwischen 15 und 30 Wiederholungen, Hypertrophie 8 bis 15 Wiederholungen und Maximalkrafttraining 5 bis 8 Wiederholungen).
Die Satzpausen ergeben sich abgestuft ebenfalls je nach Trainingsmethode (Kraftausdauer, Hypertrophie oder Maximalkraft) und bewegen sich in einem Rahmen von 30 bis 90 Sekunden.

Beschreibung der ILB-Methode:

Die Individuelle-Leistungsbild-Methode (ILB-Methode) läuft in 3 Schritten ab:
1. Es wird ein Trainingsplan erstellt, in dem das Trainingsziel (Kraftausdauer, Hypertrophie oder Maximalkraft) festgelegt wird. Es erfolgt eine Auswahl der Übungen und eine Festlegung der Wiederholungs- und Satzzahl.
2. Es erfolgt eine Austestung des Maximalgewichtes für jede Übung mit der geplanten Wiederholungszahl in max. 2-3 Testsätzen. Der ILB-Test wurde bereits unter Punkt 2.3. auf Seite 9 dieses Buches näher erläutert.
3. Das Testergebnis wird in die Trainingsplanung umgesetzt, indem die Trainingsintensitäten (die

konkreten Trainingsgewichte) anhand des Grobrasters berechnet werden. Die Leistungsstufe des Kunden bestimmt die prozentuale Höhe des Trainingsgewichtes in bezug auf das Testgewicht. Unser hier vorliegender Kunde ist Beginner und trainiert daher im ersten Makrozyklus mit einem Trainingswicht von 50-70% des ILB-Testgewichtes. Mit zunehmendem Trainingsalter und damit Aufstieg in die nächste Leistungsstufe erfolgt auch eine Anhebung des prozentualen Anteils des Trainingsgewichtes in bezug auf das ILB-Testgewicht gemäß dem ILB-Grobraster (siehe Anlage auf Seite 44).

Die ILB-Methode ist optimal für Fitness- und Gesundheitssportler sowie für Leistungssportler geeignet. Es ist kein Maximalkrafttest nach der 1-RM-Methode (eine Wiederholung bei maximalem Gewicht) erforderlich, was das Verletzungsrisiko des Kunden mindert. Dennoch handelt es sich um eine deduktive Methode, wodurch Nachteile wie Gefahr der Über- oder Unterforderung (wie beim induktiven Ansatz des subjektiven Belastungsempfindens möglich) ausgeschlossen werden. Die Belastungsintensität ist individuell auf die geplante Wiederholungszahl abgestimmt. Bei dieser Methode werden optimale Trainingsreize gesetzt, was zu einer Verbesserung der Leistungsfähigkeit und einer Verringerung der Regenerationszeit führt. Der Trainingserfolg ist messbar und transparent, da er durch exakt nachprüfbare Testergebnisse in den verschiedenen Leistungsbereichen nachgewiesen werden kann. Die im Rahmen des Makrozyklus geplante Abwechslung der

Trainingsmethoden fördert die Motivation des Kunden. Es erfolgt innerhalb eines Mesozyklus wöchentlich oder spätestens alle 2 Wochen eine Intensitätssteigerung, was dem Prinzip der progressiven Belastungssteigerung entspricht (siehe Tabelle unter Punkt 4.2. auf Seite 21 dieses Buches: max. 10 % Steigerung der Intensität alle 2 Wochen).

Bei der ILB-Methode wurden signifikante Kraftzuwachsraten wissenschaftlich nachgewiesen (ca. 20% Kraftsteigerung bei Beginnern in nur 6 Wochen).

4.2.   Meso- und Mikrozyklus

Als beispielhafter Mesozyklus wurde der erste Zyklus mit dem Trainingsziel Kraftausdauer ausgewählt. Dieser dauert insgesamt 6 Wochen. Die Intensitätssteigerung erfolgt alle 2 Wochen um 10% des ILB-Testgewichtes.

Meso- und Mikrozyklus

Leistungsstufe: Beginner
Trainingsziel: Kraftausdauer

Satzzahl pro Übung: 2
Satzpause: 30 Sekunden

Übungen	WH	ILB-Test	Woche 1 50% ILB	Woche 2 50% ILB	Woche 3 60% ILB	Woche 4 60% ILB	Woche 5 70% ILB	Woche 6 70% ILB
Bauchmaschine	25	30 kg	15 kg	15 kg	18 kg	18 kg	21 kg	21 kg
Rückenstreckm.	25	40 kg	20 kg	20 kg	24 kg	24 kg	28 kg	28 kg
Brustpresse sitz.	25	25 kg	12,5 kg	12,5 kg	15 kg	15 kg	17,5 kg	17,5 kg
Ruderzugmaschine	25	25 kg	12,5 kg	12,5 kg	15 kg	15 kg	17,5 kg	17,5 kg
Butterfly	25	20 kg	10 kg	10 kg	12 kg	12 kg	14 kg	14 kg
Butterfly Reverse	25	15 kg	7,5 kg	7,5 kg	9 kg	9 kg	10,5 kg	10,5 kg
Beinpresse,hor.sitz.	25	45 kg	22,5 kg	22,5 kg	27 kg	27 kg	31,5 kg	31,5 kg
Adduktorenmasch.	25	30 kg	15 kg	15 kg	18 kg	18 kg	21 kg	21 kg
Abduktorenmasch.	25	30 kg	15 kg	15 kg	18 kg	18 kg	21 kg	21 kg

Für unseren Kunden wurde ein Ganzkörpertraining konzipiert, wobei die Übungen alle großen Muskelgruppen des Körpers abdecken. Somit wird dem vom Kunden gewünschten Muskelaufbau des gesamten Körpers genüge getan. Es wurde dabei beim Oberkörper begonnen und die Übungen enden mit dem Training der unteren Extremitäten.

Aus psychologischen Gründen wurde mit den allseits unbeliebten Übungen an der Bauch- und Rückenstreckmaschine begonnen, da gerade zu Beginn des Trainings die Motivation des Kunden noch sehr hoch ist. Dadurch wird das Risiko des „Auslassens" dieser Übungen minimiert.

Da der Kunde ein Beginner ist, wurde auf Freigewichte verzichtet und auf geführte Maschinenübungen zurückgegriffen. Dies reduziert das Verletzungsrisiko durch vorgegebene Bewegungsbahnen. Die Bewegungsausführung ist für den Kunden schnell und einfach zu erlernen und verringert die Anzahl der möglichen Fehlerbilder. Somit verringert sich auch der Betreuungsaufwand.

Eine Trainingseinheit würde für unseren Kunden systematisch wie folgt ablaufen:

1.   Aufwärmen
1.1.   Mentale Einstimmung

Zu Beginn jeder Trainingseinheit sollte der Kunde versuchen „abzuschalten". Die Gedanken des Alltags sollen abgelegt werden und eine Konzentration und positive Einstellung auf das bevorstehende Training gefunden werden.

1.2.   Allgemeines Aufwärmen

Hierbei geht es um den dynamischen Einsatz großer Muskelgruppen (mehr als 1/6 der Gesamtmuskelmasse), wobei für unseren Kunden zum Ausgleich seiner sitzenden Tätigkeit der Cross-Trainer ausgewählt wurde. Die Dauer wurde mit 10 Minuten angesetzt, wobei die Belastungsintensität ca. 125 Schläge die Minute betragen soll (Trainingsherzfrequenz hier: 160 Schläge die Minute abzüglich Lebensalter).

1.3.   Spezielles Aufwärmen

Beim speziellen Aufwärmen werden für jede der im Trainingsplan aufgeführten Übungen ein bis zwei vorbereitende Aufwärmsätze mit z.B. 50% des Arbeitsgewichtes und 5-10 Wiederholungen absolviert. In unserem konkreten Fall kann im ersten Mesozyklus darauf verzichtet werden, da unser Kunde Kraftausdauer mit einer sehr hohen Wiederholungszahl und einer entsprechend niedrigen Intensität im submaximalen Bereich trainiert, was kein spezielles Aufwärmen erfordert.

2.   Hauptteil des Trainingsprogrammes
2.1.   Krafttraining

Hier erfolgt die Durchführung des Trainingsplanes gemäß Mikrozyklus. Für unseren Kunden wären das die 9

23

Übungen des oben aufgeführten Planes mit in der ersten Woche 50% des ILB-Testgewichtes, 25 Wiederholungen und 2 Sätzen je Übung. Die Pause zwischen den Sätzen beträgt in diesem Fall 30 Sekunden.

2.2.   Ausdauertraining

Gemäß dem Wunsch unseres Kunden nach einem Herz-Kreislauf-Training wurde für ihn eine Cardiotrainingseinheit für Untrainierte von 30 Minuten am Cross-Trainer ausgearbeitet. Seine maximale Herzfrequenz (Hfmax) wurde aufgrund seines Alters von 35 Jahren mit 185 berechnet (Formel bei Laufen/Walking: 220 minus Lebensalter; Fahrradfahren: 200 minus Lebensalter). Da er noch untrainiert ist, wurde sein Trainingsfrequenzbereich mit 60-75% der Hfmax festgelegt. Das ergibt eine Trainingsherzfrequenz (THf) von 111-139 Schlägen die Minute.

3.   Abwärmen
3.1.   Regenerative Herz-Kreislauf-Belastung

Nach seinem Cardiotraining soll der Kunde noch ca. 10 Minuten „Auslaufen" und seine Kreislauffunktion herunterregulieren. Dies geschieht weiterhin auf dem Cross-Trainer jedoch mit einer moderaten Belastungsintensität von unter 125 Schlägen die Minute (Trainingsherzfrequenz hier: 160 Schläge die Minute abzüglich Lebensalter).

3.2.   Dehnung der hauptsächlich beanspruchten Muskulatur

Zur Senkung des Muskeltonus und gleichzeitigen Verbesserung der Beweglichkeit wird die zuvor im Hauptteil beanspruchte Muskulatur gedehnt. Da wir es mit einem Beginner zu tun haben, schlage ich wegen der leichteren Ausführung ausschließlich passiv-statische Dehnübungen vor. Die Dehndauer sollte max. 45 Sekunden betragen. Bis zu 4 Sätze sind sinnvoll.

3.3.   Weiterführende passive Maßnahmen der Regeneration

Dies könnte z.B. ein heißes Wannenbad oder ein Besuch im Solarium darstellen.

Von ausgiebigen Saunabesuchen nach einem intensiven Training rate ich ab, da der Flüssigkeitsverlust für den Körper einfach zu hoch ist und durch eine normale orale Flüssigkeitsaufnahme kaum auszugleichen wäre.

Ziele des Aufwärmens:
- Die Körpertemperatur soll um ca. 1-1,5 Grad C erhöht werden, um die biochemischen Stoffwechselvorgänge zu beschleunigen und die Durchblutung der Muskulatur zu erhöhen, um deren Versorgung mit Sauerstoff und Nährstoffen zu verbessern. Gleichzeitig wird auch die Nervenleitgeschwindigkeit erhöht, was mit einer Zunahme der Muskelkontraktionsgeschwindigkeit verbunden ist.

- Das Herz-Kreislauf-System soll angeregt werden, indem die Herzfrequenz durch das Aufwärmtraining zunimmt und das Blut schneller zirkuliert. Somit kann die Muskulatur rascher mit Sauerstoff und Nährstoffen versorgt werden. Auf keinen Fall soll das Aufwärmtraining jedoch zu einer vorzeitigen Funktionsermüdung führen, indem es zu extensiv betrieben wird.
- Durch ein Aufwärmtraining wird das Risiko von Verletzungen gemindert. Durch die Förderung der Stoffwechselprozesse kommt es auch zu einer vermehrten Bildung von Gelenkflüssigkeit, was mit einer verbesserten Versorgung des Gelenkknorpels (Ernährung erfolgt nur im Rahmen der Diffusion) und einer Optimierung des Gelenkgleitverhaltens verbunden ist. Muskeln, Sehnen und Bänder werden geschmeidiger. Die verbesserte Muskelkontraktionsgeschwindigkeit fördert die raschere Anpassungsmöglichkeit an sich ändernde sportliche Belastungen, wodurch Verletzungen vermieden werden.
- Auch der mentalen Einstimmung auf die anstehende Trainingseinheit kommt im Rahmen des Aufwärmens Bedeutung zu. Die Konzentration auf das Training ohne Ablenkungen durch Gedanken an den Alltag fördert die Motivation und letztendlich den Trainingserfolg.

Ziele des __Ab__wärmens:
- Das zuvor beanspruchte Herz-Kreislauf-System soll wieder herunterreguliert werden.

- Der durch das Training erhöhte Muskeltonus soll gesenkt werden.
- Die Regenerationszeit soll verkürzt werden und negative Einflüsse auf das Bewegungssystem sollen vermieden werden, indem durch das moderate Abwärmtraining Stoffwechselendprodukte schneller aus der Muskulatur abtransportiert werden.
- Es soll eine mentale Einstimmung auf das Trainingsende erzielt werden.

5. Trainingsdurchführung

Es wurden zwei Trainingsübungen für unterschiedliche Muskelgruppen aus dem Mesozyklus meines Kunden ausgewählt und dafür jeweils eine detaillierte Übungsanalyse beispielhaft durchgeführt. Bei der Darstellung der beteiligten Muskulatur habe ich mich auf die dynamischen beschränkt und statisch beteiligte weggelassen.

Die Atmung ist bei allen Übungen gleich, bei der konzentrischen Bewegung (also der überwindenden Kraftanstrengung) wird ausgeatmet, während bei der exzentrischen Bewegung (also nachgebend) eingeatmet wird. Die Pressatmung, also das Luftanhalten während der Übung, ist ausdrücklich zu vermeiden. Hierdurch entstehen unnötige Blutdruckspitzen, was sich belastend auf die Blutgefäße auswirkt. Die Herz- und die Hirndurchblutung nehmen ab, bis hin zum Kollaps!

Die Bewegungsgeschwindigkeit resultiert aus der jeweiligen Trainingsmethode, also Kraftausdauer: 2-0-2,

Hypertrophie: 3-0-1, Maximalkraft: 3-0-X. Der erste Wert beschreibt die Sekundenzahl, die die exzentrische Bewegung dauern sollte, die Zahl in der Mitte die Haltedauer am Umkehrpunkt und die letzte Zahl beschreibt die Sekundenzahl der konzentrischen Bewegung.

Wie man sieht liegt beim Hypertrophietraining sowie beim Training der Maximalkraft der zeitliche Schwerpunkt auf der exzentrischen Bewegung. Bei der exzentrischen Bewegung werden weniger Muskelfasern beansprucht. Somit erhöhen sich die Mikrotraumen und das Dickenwachstum der Muskelzellen. Das angestrebte Ziel Hypertrophie wird optimal gefördert, wenn die Betonung auf der exzentrischen Bewegung liegt.

Das „X" für die konzentrische Bewegung bei der Maximalkraft bedeutet, dass hier mit „Explosionskraft" gearbeitet wird. Das heißt, dass aus dem Stehgreif die Muskulatur mit größtmöglicher Schnelligkeit kontrahiert wird. In jedem Fall ist jedoch eine kontrollierte Bewegungsausführung zum Schutz vor Verletzungen zu gewährleisten.

Die von Sportlern und leider auch immer wieder von Trainern oft zu hörende Aussage, Krafttraining verkürze die Muskeln, ist wissenschaftlich nicht belegt.

Bei einem fitness- und gesundheitsportorientierten Training spielt die Ausnutzung der vollständigen Bewegungsamplituden (ROM = range of motion) eine große Rolle. Die Übungen sollten also alle so durchgeführt werden, dass die Muskeln über ihre gesamte Kontraktionsstrecke (von maximal gedehnt bis maximal verkürzt) dynamisch belastet werden.

Gleichzeitig werden die beteiligten Gelenke über ihre volle Beweglichkeit beansprucht. Dies wirkt im Alltag entstandenen muskulären Dysbalancen entgegen und fördert die Beweglichkeit. Krafttraining stellt damit eine Möglichkeit des Beweglichkeitstrainings dar und hat sich insbesondere bei älterem Klientel sehr bewährt.

5.1.   Übungsanalyse Ruderzugmaschine

Übungsbezeichnung:

Zug horizontal eng an der Maschine, neutraler Griff (NG)

Benötigte Geräte/Hilfsmittel:

Rückenzugmachine horizontal (Ruderzugmaschine)

Bewegungsbeschreibung:

Das Brustpolster wird, sofern verstellbar, so eingestellt, dass die Griffe problemlos im Sitzen erreicht werden können (ggf. mit Einstiegshilfe). Die Sitzhöhe wird so eingestellt, dass zwischen Ober- und Unterarm im Ellenbogengelenk ein 90 Grad-Winkel entsteht, wenn sich die zurückgezogenen Griffe in Höhe des Brustpolsters befinden. Das Gewicht ist mit dem Sicherungsstift auf das im Trainingsplan aufgeführte Trainingsgewicht einzustellen und zu sichern. Der Kunde setzt sich frontal zur Maschine mit aufrechtem Rücken auf den Sitz und fixiert den Oberkörper am Brustpolster. Die Beine sind mit dem ganzen Fuß aufgestellt mit einem 90 Grad-Winkel im Kniegelenk. Die Hände greifen die

Griffe im neutralen Griff (NG) und ziehen diese mit der aus der Trainingsmethode resultierenden Bewegungsgeschwindigkeit (Kraftausdauer: 2-0-2, Hypertrophie: 3-0-1, Maximalkraft: 3-0-X) eng am Körper vorbei nach hinten bis sich die Griffe etwa in Brustpolsterhöhe befinden. Die Schulterblätter werden dabei so weit wie möglich zur Wirbelsäule herangezogen. Dann werden die Griffe wieder zurückgeführt bis das Ellenbogengelenk leicht gebeugt ist. Dann beginnt die nächste Wiederholung.

Bei dieser Übung handelt es sich um eine Mehrgelenkübung (oder auch Komplexübung genannt), da die Bewegung im Schulter- und Ellenbogengelenk erfolgt. Diese Übung ist für alle Leistungsstufen geeignet.

Beteiligte Muskeln:

- Breiter Rückenmuskel (Ursprung: Dornfortsätze des 7. bis 12. Brustwirbels und aller Lendenwirbel, 9. bis 12. Rippe, Kreuz- und Darmbeinkamm, Ansatz: Kleinhöckerleiste des Oberarmbeines): führt eine Retroversion des Oberarmes im Schultergelenk durch;
- Großer Rundmuskel (Ursprung: laterales unteres Drittel Schulterblatt, Ansatz: Kleinhöckerleiste des Oberarmbeines): führt eine Retroversion des Oberarmes im Schultergelenk durch;
- Trapezmuskel, mittlerer Anteil (Ursprung: Dornfortsätze des 1. bis 4. Brustwirbels, Ansatz: medialer Rand der Schulterhöhe): führt die Retraktion des Schulterblattes durch;

- Rautenmuskel (<u>Ursprung</u>: Dornfortsätze 6. bis 7. Halswirbel und 1. bis 4. Brustwirbel, <u>Ansatz</u>: medialer Rand des Schulterblattes): führt die Retraktion des Schulterblattes durch;
- Deltamuskel, hinterer Anteil (<u>Ursprung</u>: Schulterblattgräte, <u>Ansatz</u>: Deltarauhigkeit des Oberarmbeines): führt eine Retroversion des Oberarmes im Schultergelenk durch;
- Zweiköpfiger Armbeuger (<u>Ursprung</u>: langer Kopf am Höckerchen oberhalb der Schultergelenkpfanne und der kurze Kopf am Rabenschnabelfortsatz, <u>Ansatz</u>: Speichenrauhigkeit): führt eine Flexion des Ellenbogengelenkes durch;
- Armbeuger (<u>Ursprung</u>: distale Vorderfläche des Oberarmknochens, <u>Ansatz</u>: Ellenrauhigkeit): führt eine Flexion des Ellenbogengelenkes durch;
- Oberarmspeichenmuskel (<u>Ursprung</u>: seitlicher Rand des Oberarmes, <u>Ansatz</u>: Griffelfortsatz der Speiche): führt eine Flexion des Ellenbogengelenkes durch.

Typische Bewegungsfehler:

- **Der Kunde benutzt das Brustpolster nicht und fixiert damit nicht seinen Oberkörper;** <u>Korrektur</u>: Nachdem der Kunde seinen Satz beendet hat, spreche ich ihn an und verwickle ihn in einen Smalltalk, um ihn psychologisch auf meine Korrektur vorzubereiten. Dann erzähle ich ihm, wie er sein Training noch weiter „optimieren" kann, um einen noch besseren Erfolg zu erzielen. Ich stelle das Gerät auf mich ein. Ich mache ihm die Übung mit mindestens 10 Wiederholungen vor und benutze dabei das Brustpolster, auf das ich explizit hinweise und dessen Wichtigkeit für die Oberkörperfixierung ich herausstelle. Dann stelle ich das Gerät für den Kunden ein und lasse ihn die Übung machen und achte dabei auf eine korrekte Ausführung unter Benutzung des Brustpolsters. Bei Bedarf und nach Erlaubniserteilung durch den Kunden, führe ich seine Bewegung, indem ich ihn anfasse, leite und fixiere. Die Einstellungen des Gerätes (üblicherweise jeweils durch Nummern gekennzeichnet) notiere ich für ihn auf seiner Trainingskarte, damit er das nächste Mal die Einstellungen leichter selbst vornehmen kann.

- **Der Kunde hat den Sitz zu tief eingestellt;** Korrektur: Nach der einleitenden Ansprache des Kunden wie zuvor erläutert, zeige ich ihm die optimale Einstellung des Gerätes für meine Person. Das Brustpolster wird, sofern verstellbar, so eingestellt, dass die Griffe problemlos im Sitzen erreicht werden können (ggf. mit Einstiegshilfe). Die Sitzhöhe wird so eingestellt, dass zwischen Ober- und Unterarm im Ellenbogengelenk ein 90 Grad-Winkel entsteht, wenn sich die zurückgezogenen Griffe in Höhe des Brustpolsters befinden. Nachdem ich das Gerät für mich eingestellt habe, lasse ich nun den Kunden für sich das Gerät unter Beachtung meiner zuvor getätigten Erläuterungen einstellen. Ggf. unterstütze ich ihn dabei. Wenn er die Einstellungen korrekt vorgenommen hat, lasse ich ihn einen vollständigen Übungssatz absolvieren. Bei weiterem Korrekturbedarf greife ich nun sofort ein und führe seine Bewegung. Ich hohle beim Kunden ein Feedback ein, ob er den Unterschied durch die nun korrekte Sitzhöhe bei der Ausführung der Übung gemerkt hat. Ich lobe den Kunden und vermerke die korrekte Sitzhöheneinstellung auf seiner Trainingskarte, damit er das nächste Mal problemlos wieder seine Geräteeinstellung findet.

- **Der Kunde führt die Arme (bei NG) nicht dicht am Körper beim Zurückziehen vorbei sondern spreizt die Ellenbogen nach hinten außen ab und hebt zusätzlich die Schultern an;** <u>Korrektur:</u> Nach der einleitenden Ansprache des Kunden stelle ich das Gerät auf mich ein und demonstriere dem Kunden die korrekte Ausführung der Übung mit mindesten 10 Wiederholungen. Dabei weise ich ausdrücklich auf die korrekte Führung der Arme hin. Die Hände greifen die Griffe im neutralen Griff (NG) und ziehen diese mit der aus der Trainingsmethode resultierenden Bewegungsgeschwindigkeit (Kraftausdauer: 2-0-2, Hypertrophie: 3-0-1, Maximalkraft: 3-0-X) eng am Körper vorbei nach hinten bis sich die Griffe etwa in Brustpolsterhöhe befinden. Die Schulterblätter werden dabei so weit wie möglich zur Wirbelsäule heran gezogen. Die Schultern bleiben in der Waagerechten auf einer Linie (es erfolgt keine Elevation). Dann werden die Griffe wieder zurückgeführt bis das Ellenbogengelenk leicht gebeugt ist. Dann beginnt die nächste

Wiederholung. Nun lasse ich den Kunden das Gerät für sich einstellen und einen kompletten Übungssatz absolvieren. Ich achte dabei insbesondere auf die korrekte Armführung, die ich notfalls bei der Führung unterstütze. Dann lobe und ermutige ich den Kunden für sein weiteres Training.

5.2. **Übungsanalyse Beinpresse, horizontal sitzend**

Übungsbezeichnung:

Beinpresse horizontal sitzend

Benötigte Geräte/Hilfsmittel:

Beinpresse horizontal

Bewegungsbeschreibung:

Der Sitzschlitten ist nach hinten zu fahren, damit das „Einsteigen" erleichtert wird. Es ist eine möglichst aufrechte Sitzposition einzustellen, damit Blutdruckspitzen vermieden werden. So kann diese Übung auch von Blutdruckpatienten und älteren Menschen im Gegensatz zur 45-Grad Beinpresse verwendet werden. Hinsetzen, Rücken anlehnen. Das Gesäß und die Wirbelsäule haben während der gesamten Bewegungsausführung Kontakt zum Sitz / zur Rückenlehne. Das Gewicht ist mit dem Sicherungsstift auf das im Trainingsplan aufgeführte Trainingsgewicht einzustellen und zu sichern. Die Füße sollen parallel mit der gesamten Fußsohle aufgesetzt am oberen Rand der Druckplatte hüftbreit positioniert werden. Dazu ist der Sitzschlitten in Richtung der Druckplatte zu bewegen bis in den Kniegelenken ein Winkel von leicht unter 90 Grad entsteht. Der Sitzschlitten ist einzurasten. Die Zehen zeigen aufgrund der anatomischen Stellung des Oberschenkelknochens im Hüftgelenk leicht nach außen. Hüft-, Knie- und Fußgelenk bilden bei der Bewegung immer eine Linie. Bei der Bewegungsausführung werden Hüft- und Kniegelenke gestreckt, indem die Druckplatte weggedrückt wird bis die Kniegelenke nur noch leicht gebeugt sind. Dann erfolgt die Rückbewegung in die Ausgangsposition. Die Hände stabilisieren den Körper während der gesamten Bewegungsausführung durch Zug an den dafür vorgesehenen Griffen links und rechts vom Sitz.

Diese Übung ist für alle Leistungsstufen geeignet. Es handelt sich um eine Komplexübung, da die Bewegung im Knie- und Hüftgelenk erfolgt.

Beteiligte Muskeln:

- Vierköpfiger Oberschenkelstrecker (Ursprung: langer Schenkelstrecker: vorderer unterer Darmbeinstachel und oberer Rand der Hüftgelenkpfanne, zur Körperaußenseite liegender Kopf: laterale Lippe der rauen Linie und laterale Fläche des großen Rollhügels, zur Körpermitte liegender Kopf: mediale Lippe der rauen Linie, mittlerer Kopf: vordere und laterale Fläche des

35

Schenkelbeines;   Ansatz: mittels
Kniescheibenband an der Schienbeinrauhigkeit):
führt die Extension des Kniegelenkes durch;

- Großer Gesäßmuskel (Ursprung: Darm-, Kreuz-
und Steißbein, Kreuzbeinsitzhöckerband; Ansatz:
Oberschenkelfascie, Gesäßmuskelrauhigkeit des
Schenkelbeines): führt die Extension des
Hüftgelenkes durch;
- Zweiköpfiger Oberschenkelbeuger, langer Kopf
(Ursprung: Sitzbeinhöcker,   Ansatz:
Wadenbeinköpfchen): führt die Extension des
Hüftgelenkes durch;
- Halbsehnenmuskel (Ursprung: Sitzbeinhöcker,
Ansatz: seitlich der Schienbeinrauhigkeit): führt die
Extension des Hüftgelenkes durch;
- Plattsehnenmuskel (Ursprung: Sitzbeinhöcker,
Ansatz: Medialer Schienbeingelenkknorren): führt
die Extension des Hüftgelenkes durch.

Typische Bewegungsfehler:

- **Der Kunde streckt die Knie vollständig durch;**
Korrektur: Nach der üblichen einleitenden
Ansprache des Kunden erläutere ich ihm, die Knie
in der Endposition der Übung leicht gebeugt zu
lassen, um die Kniegelenke zu schonen. Ich
beaufsichtige den nächsten Satz des Kunden, um
die korrekte Ausführung zu überwachen und ggf.
verbal einzugreifen oder die Bewegung zu führen.
Ich lobe und ermutige den Kunden für seine
schnelle Umsetzung der Korrektur.

- **Der Kunde hat die Füße nicht am oberen Rand der Druckplatte aufgesetzt sondern eher zum unteren Rand hin, wodurch die Knie beim Beugen über den Fußspitzen stehen;** <u>Korrektur:</u> Nach der üblichen einleitenden Ansprache des Kunden stelle ich das Gerät auf meine Person ein. Ich erläutere dem Kunden die korrekte Sitz- und insbesondere die korrekte Fußposition, um diese Übung möglichst schonend für die Knie zu gestalten. Sie Füße sollen parallel mit der gesamten Fußsohle aufgesetzt am oberen Rand der Druckplatte hüftbreit positioniert werden. Dazu ist der Sitzschlitten in Richtung der Druckplatte zu bewegen bis in den Kniegelenken ein Winkel von leicht unter 90 Grad entsteht. Der Sitzschlitten ist einzurasten. Die Zehen zeigen aufgrund der anatomischen Stellung des Oberschenkelknochens im Hüftgelenk leicht nach außen. Hüft-, Knie- und Fußgelenk bilden bei der Bewegung immer eine Linie. Ich demonstriere dem Kunden in der nun richtigen Sitzposition mindestens 10 Wiederholungen der Übung. Danach lasse ich den Kunden das Gerät für sich einstellen und einen vollständigen Satz ausführen. Ggf. unterstütze ich ihn verbal und durch Führung. Zum Abschluss lobe ich seine gute Mitarbeit und ermutige ihn für sein weiteres Training.
- **Der Kunde hält beim Beugen und Strecken der Beine nicht eine Linie von Fuß-, Knie- und Hüftgelenk ein, die Beine (insbesondere die Knie) knicken beim Beugen nach außen weg, die Fußsohle wird zeitweise nicht flach**

aufgesetzt sondern der Fuß wird an der Außenkante belastet; <u>Korrektur:</u> Nach der üblichen einleitenden Ansprache des Kunden stelle ich das Gerät auf meine Person ein und demonstriere die korrekte, knieschonende Ausführung der Übung mit mindestens 10 Wiederholungen. Die Füße sollen parallel mit der gesamten Fußsohle aufgesetzt am oberen Rand der Druckplatte hüftbreit positioniert werden. Dazu ist der Sitzschlitten in Richtung der Druckplatte zu bewegen bis in den Kniegelenken ein Winkel von leicht unter 90 Grad entsteht. Der Sitzschlitten ist einzurasten. Die Zehen zeigen aufgrund der anatomischen Stellung des Oberschenkel-knochens im Hüftgelenk leicht nach außen. <u>Hüft-, Knie- und Fußgelenk bilden bei der Bewegung immer eine Linie und die Fußsohlen sind stets vollständig aufgesetzt.</u> Bei der Bewegungs-ausführung werden Hüft- und Kniegelenke gestreckt, indem die Druckplatte weggedrückt wird bis die Kniegelenke nur noch leicht gebeugt sind. Dann erfolgt die Rückbewegung in die Ausgangsposition. Anschließend lasse ich den Kunden das Gerät auf sich einstellen und einen kompletten Übungssatz absolvieren. Dabei überwache ich die Ausführung, um ggf. verbal oder durch Führung der Bewegung eingreifen zu können. Ich lobe den Kunden für die schnelle und gute Umsetzung der Korrektur und ermutige ihn für sein weiteres Training.

6. Analyse / Re-Test

Die Analyse und die Re-Tests bilden die Abschlußphase der Trainingssteuerung. Hier soll der Erfolg des absolvierten Trainingsprogrammes überprüft und dokumentiert werden. Mit den Re-Tests (Wiederholungstests) werden ausgewählte Daten der Eingangsdiagnose erneut erhoben und mit den ursprünglichen Daten verglichen. Daraus können dann Schlüsse bezüglich des Trainingserfolges des zurückliegenden Makrozyklus sowie für die Planung des nächsten Makrozyklus gezogen werden. Die Belegung des Trainingserfolges ist für mich als Trainer als Qualitätsnachweis meiner Arbeit wichtig und motiviert gleichzeitig den Trainierenden, der das positive Ergebnis seiner Bemühungen dokumentiert sieht.

Bei der Durchführung der Wiederholungstests ist darauf zu achten, dass die Ausführungs- und Rahmenbedingungen die gleichen wie bei den Ausgangstests sind, um eine Vergleichbarkeit zu gewährleisten (gleicher Wochentag, gleiche Uhrzeit, gleicher Tagesablauf, gleiche Reihenfolge etc.).

Neue Dat./Re-Test		Eingangsdiagnose	Ziel
Ruhepuls	56	68 Schläge/Minute	56
Körperfett	19,4%	23,5%	19,45%
Körpergew.	74 kg	74 kg	--

Der Ruhepuls wurde vom Kunden selbst an 5 aufeinander folgenden Tagen morgens gleich nach dem Aufwachen und vor dem Aufstehen im Bett gemessen.

Dann wurde ein Durchschnittswert berechnet. Das geplante Ziel, die Senkung des Ruhepulses, wurde erreicht. Das geplante und durchgeführte Cardio-Training des Kunden war erfolgreich und sein Ausdauerleistungszustand hat sich verbessert.

Das Körpergewicht des Kunden hat sich nicht verändert. Dagegen erfolgte eine Umschichtung in seinem Körper in Form eines Körperfettabbaus zugunsten des Muskelaufbaus. Der Körperfettanteil wurde erneut mit der selben Körperfettmesswaage unter gleichen Bedingungen gemessen und hat sich um 4,1% reduziert, womit unser geplanter Muskelzuwachs von 3 kg als bestätigt angesehen werden kann. Der Körperfettanteil liegt mit jetzt 19,4% im normalen Bereich (normal: 10-19,9% für einen Mann bis 35 Jahre).

Wiederholung des 1. ILB-Tests zur Überprüfung des Kraftzuwachses:

Tabelle nächste Seite

Re-Test
Kraftausdauer

Übungen	WH	ILB-Test	Re-Test	Kraftzuwachs
Bauchmaschine	25	30 kg	40 kg	33,33%
Rückenstreckmaschine	25	40 kg	50 kg	25%
Brustpresse sitzend	25	25 kg	35 kg	40%
Ruderzugmaschine	25	25 kg	35 kg	40%
Butterfly	25	20 kg	25 kg	25%
Butterfly Reverse	25	15 kg	20 kg	33,33%
Beinpresse,horizontal sitzend	25	45 kg	60 kg	33,33%
Adduktorenmaschine	25	30 kg	40 kg	33,33%
Abduktorenmaschine	25	30 kg	40 kg	33,33%

Um den prozentualen Kraftzuwachs über den gesamten Makrozyklus zu ermitteln wurde der erste ILB-Test mit den selben Übungen, der selben Wiederholungszahl (WH) sowie unter gleichen Bedingungen durchgeführt. Es konnte ein Kraftzuwachs von 25 bis 40% über 6 Monate ermittelt werden.

Der Kunde möchte auch in Zukunft weiteren Muskelaufbau betreiben und seinen erlangten Ausdauerzustand erhalten bzw. leicht ausbauen. Für den nächsten Makrozyklus wird das Cardio-Training zeitlich leicht erweitert. Im Rahmen der Variierung werden neue Geräteübungen zusammengestellt. Es wird erneut mit einem Kraftausdauerzyklus begonnen und ein neuer ILB-Test durchgeführt. Ansonsten erfolgt die Planung und Durchführung des Trainings vom Handlungsablauf her genau wie zuvor in diesem Buch dargestellt.

7. Schlusswort

Die Qualität eines Studios lässt sich auf den ersten Blick meist recht schnell erkennen. Liegen Kurzhanteln in der Gegend herum und wird des Öfteren ohne Hantelscheibensicherung mit Langhanteln gearbeitet, deutet dies auf eine schlechte Einweisung sowie Aufsicht der Trainer hin. Die Trainingssicherheit stellt das A und O in einem Studio dar. Herumliegende Kurzhanteln sind Stolperfallen für andere Trainierende. Deswegen weisen gut ausgebildete und engagierte Trainer jederzeit darauf hin, benutzte Hanteln nach Gebrauch an den vorgesehenen Aufbewahrungsort zurück zu legen. Ebenso verhält es sich bei der Benutzung von

Hantelscheibensicherungsvorrichtungen. Diese sind elementar, um eigene sowie Verletzungen Dritter zu vermeiden.

Als zweites Qualitätskriterium kann die in diesem Buch dargestellte Methode herangezogen werden. Wie viel Zeit nimmt sich der Trainer für Neumitglieder. Wird ein Eingangscheck durchgeführt. Finden eine individuelle Trainingsplanung aufgrund der gemeinsam definierten Ziele, ausführliche Einweisung und Ergebniskontrolle statt?

Wenn die Punkte dieses Buches so oder so ähnlich umgesetzt werden, haben Sie Glück gehabt und sind in einem qualitativ hochwertigen Studio gelandet. Das hat natürlich seinen Preis, den gerade aber Anfänger unbedingt zumindest im ersten Jahr des Trainings investieren sollten.

8.   Anlagen

Als Anlage finden Sie das ILB-Grobraster, auf das mehrfach in diesem Buch Bezug genommen wurde. Des Weiteren folgen die weiteren Trainingspläne gemäß Makrozyklusplanung: Hypertrophie 1, Hypertrophie 2 sowie der Trainingsplan Maximalkraft, mit dem der erste Makrozyklus abschließt.

Abgerundet werden die Anlagen durch eine Auflistung realistisch erreichbarer Ziele durch das Fitnesstraining.

ILB Grobraster

Leistungsstufe	Zeitstufe in Monaten	Trainings-system	Trainings-häufigkeit pro Woche	Übungen pro Muskel-gruppe	Sätze pro Übung	Intensität in % des ILB-Test-gewichtes
Orientierungs-stufe	0 - 1,5	GK	2	1 - 2	1 - 2	gering, da noch kein ILB-Test
Beginner	1,5 - 6	GK	2	1 - 2	1 - 2	50 - 70
Geübter	6 - 12	GK	2 - 3	1 - 2	2	60 - 80
Fortge-schrittener	> 12	GK/Splitt	3 - 4	1 - 3	2 - 3	70 - 90
Leistungs-trainierender	> 36	GK/Splitt	3 - 6	1 - 4	2 - 4	80 - 100

Meso- und Mikrozyklus

Leistungsstufe: Beginner
Trainingsziel: Hypertrophie

Satzzahl pro Übung: 2
Satzpause: 60 Sekunden

Übungen	WH	ILB-Test	Woche 1 50% ILB	Woche 2 50% ILB	Woche 3 60% ILB	Woche 4 60% ILB	Woche 5 70% ILB	Woche 6 70% ILB
Bauchmaschine	12	50 kg	25 kg	25 kg	30 kg	30 kg	35 kg	35 kg
Rückenstreckm.	12	60 kg	30 kg	30 kg	36 kg	36 kg	42 kg	42 kg
Brustpresse sitz.	12	40 kg	20 kg	20 kg	24 kg	24 kg	28 kg	28 kg
Ruderzugmaschine	12	40 kg	20 kg	20 kg	24 kg	24 kg	28 kg	28 kg
Butterfly	12	35 kg	17,5 kg	17,5 kg	21 kg	21 kg	24,5 kg	24,5 kg
Butterfly Reverse	12	30 kg	15 kg	15 kg	18 kg	18 kg	21 kg	21 kg
Beinpresse,hor.sitz.	12	70 kg	35 kg	35 kg	42 kg	42 kg	49 kg	49 kg
Adduktorenmasch.	12	50 kg	25 kg	25 kg	30 kg	30 kg	35 kg	35 kg
Abduktorenmasch.	12	50 kg	25 kg	25 kg	30 kg	30 kg	35 kg	35 kg

Meso- und Mikrozyklus

Leistungsstufe: Beginner
Trainingsziel: Hypertrophie 2

Satzzahl pro Übung: 2
Satzpause: 60 Sekunden

Übungen	WH	ILB-Test	Woche 1 50% ILB	Woche 2 50% ILB	Woche 3 60% ILB	Woche 4 60% ILB	Woche 5 70% ILB	Woche 6 70% ILB
Bauchmaschine	8	75 kg	37,5 kg	37,5 kg	45 kg	45 kg	52,5 kg	52,5 kg
Rückenstreckm.	8	85 kg	42,5 kg	42,5 kg	51 kg	51 kg	59,5 kg	59,5 kg
Brustpresse sitz.	8	60 kg	30 kg	30 kg	36 kg	36 kg	42 kg	42 kg
Ruderzugmaschine	8	60 kg	30 kg	30 kg	36 kg	36 kg	42 kg	42 kg
Butterfly	8	50 kg	25 kg	25 kg	30 kg	30 kg	35 kg	35 kg
Butterfly Reverse	8	45 kg	22,5 kg	22,5 kg	27 kg	27 kg	31,5 kg	31,5 kg
Beinpresse,hor.sitz.	8	100 kg	50 kg	50 kg	60 kg	60 kg	70 kg	70 kg
Adduktorenmasch.	8	75 kg	37,5 kg	37,5 kg	45 kg	45 kg	52,5 kg	52,5 kg
Abduktorenmasch.	8	75 kg	37,5 kg	37,5 kg	45 kg	45 kg	52,5 kg	52,5 kg

Meso- und Mikrozyklus

Leistungsstufe: Beginner
Trainingsziel: Maximalkraft

Satzzahl pro Übung: 2
Satzpause: 90 Sekunden

Übungen	WH	ILB-Test	Woche 1 50% ILB	Woche 2 50% ILB	Woche 3 60% ILB	Woche 4 60% ILB	Woche 5 70% ILB	Woche 6 70% ILB
Bauchmaschine	5	110 kg	55 kg	55 kg	66 kg	66 kg	77 kg	77 kg
Rückenstreckm.	5	120 kg	60 kg	60 kg	72 kg	72 kg	84 kg	84 kg
Brustpresse sitz.	5	85 kg	42,5 kg	42,5 kg	51 kg	51 kg	59,5 kg	59,5 kg
Ruderzugmaschine	5	85 kg	42,5 kg	42,5 kg	51 kg	51 kg	59,5 kg	59,5 kg
Butterfly	5	75 kg	37,5 kg	37,5 kg	45 kg	45 kg	52,5 kg	52,5 kg
Butterfly Reverse	5	65 kg	32,5 kg	32,5 kg	39 kg	39 kg	45,5 kg	45,5 kg
Beinpresse,hor.sitz.	5	145 kg	72,5 kg	72,5 kg	87 kg	87 kg	101,5 kg	101,5 kg
Adduktorenmasch.	5	110 kg	55 kg	55 kg	66 kg	66 kg	77 kg	77 kg
Abduktorenmasch.	5	110 kg	55 kg	55 kg	66 kg	66 kg	77 kg	77 kg

Realistische Ziele

Diese Ziele sind bei einem Fitnesstraining als realistisch erreichbar anzusehen (individuelle Abweichungen jederzeit möglich):

Gewichtsreduktion	2kg	4 Wochen
Senkung Ruhepuls	2 Schläge pro Minute	4 Wochen
Verbesserung Kraftleist.	15-20%	6 Wochen
Senkung Blutdruck	um 10-15 syst. um 5-10 diast. jeweils mmHg	8 Wochen
Muskelaufbau	5-8 kg 3-6 kg 2-4kg	i. 1. Train.-Jahr i. 2. Train.-Jahr i. 3. Train.-Jahr

Hinweis:
Es ist wichtig, nach Abschluss eines kompletten Makrozyklusplanes Krafttraining beim neuen Makrozyklus wieder mit einem Kraftausdauertraining zu beginnen und dann wie gehabt mit Hypertrophie und Maximalkraft fortzufahren. Die dadurch zwischenzeitlich immer wieder herabzusetzende Intensität ist wichtig für die im Körper stattfindenden Anpassungsprozesse aller Gewebearten

und nicht nur die der Muskeln, auf die viele Trainierenden ihren Fokus setzen. Strukturen, wie z.B. Knochen, Sehnen, Bänder und Knorpel haben entschieden längere Anpassungszeiten, was beim Training zu berücksichtigen ist, um einen optimalen Trainingserfolg zu sichern und dabei die Gesundheit nicht zu gefährden.

9. <u>Buchempfehlungen</u>

10.   Über den Autor

Trainerqualifikationen und Graduierungen
- Entspannungstrainer, Note 1
- Trainer für Sportrehabilitation, Note 1
- Fitnesstrainer B-Lizenz, Note 1
- Lehrer für Qigong (TQN, DDQT + div. gesetzl. KK)
- Krav Maga Instructor verschiedener Verbände
- Lehrbefähigungsnachweis Ju-Jutsu, 1990
- Prüferlizenz Ju-Jutsu von verschiedenen Verbänden,
  erstmals 1992
- 5. Dan Ju-Jutsu, Lehrer für Ju-Jutsu

Wettkampferfolge
- 1. Platz Hamburger Meisterschaft Ju-Jutsu-
  Formenwettkampf 1992
- 3. Platz Hamburger Meisterschaft Ju-Jutsu Kampf 1995
- 3. Platz Hamburger Meisterschaft Ju-Jutsu Kampf 1994
- 4. Platz Internationale Deutsche Meisterschaften
  moderne Kata 1997
- 4. Platz Deutsche Meisterschaft Ju-Jutsu-
  Formenwettkampf 1992
- 5. Platz Hamburger Meisterschaft Ju-Jutsu Kampf 1996
- 1. Platz "zweiter happy run" 5 Km Nordic-Walking in
  Wahlstedt 2010
- 3. Platz Sparkassen-Ostseelauf Timmendorfer Strand
  Nordic-Walking 5 Km 2010
- 3. Platz German Taijiquan Open 2012 in Hannover
- 4. Platz Wu Wei Cup 2012 in Hamburg
- 1. Platz Sparkassen-Ostseelauf Timmendorfer Strand
  Nordic-Walking 5 Km 2013
- 1. Platz Stadtwerkelauf Tornesch 5 Km Walking 2013

Veröffentlichungen

- diverse Sammelbände 2014
- Buch Rückenqigong 2014
- Buch Kurskonzept Frauenselbstverteidigung 2014
- Der fliegende Kranich - Qigong in 5 Bänden 2013
- Buch „Die 6 heilenden Laute" 2013
- Buch „Das muskel- und sehnenstärkende Qigong" 2012
- Buch „Sawah Kung Fu Grundtechniken" 2012
- Buch „Shaolin Qin Na Sawah Kuen" 2012
- Buch „Taijiquan für Einsteiger..." 2012
- Buch „Krav Maga - Grundtechniken..." 2012
- Buch „Das Spiel der 5 Tiere" 2011
- Buch „Konzept zur Durchführung eines
  Entspannungskurses..." 2011
- Buch „Die 24er Pekingform Taijiquan" 2011
- Buch „Die 8 Brokate - Qigong by Stefan Wahle" 2010
- Buch „Ju-Jutsu Frauenselbstverteidigung" 2010
- Buch „Optimiertes Krafttraining mit der ILB-Methode"
  2009
- Buch „Ju-Jutsu Straßenkampftechniken", überarbeitete
  Neuauflage 2009
- Artikel „Optimiertes Krafttraining mit der ILB-Methode" in
  der Zeitschrift „shape up Trainer´s only", Heft Nr. 5
  2009
- Buchveröffentlichung „Realistische
  Frauenselbstverteidigung" 1994/95
- Buchveröffentlichung „Ju-Jutsu Straßenkampftechniken"
  1993

<u>Auszeichnungen</u>
- Budoka Award der Martial Arts Association 2013
- Ehrenkreuz der Martial Arts Association (MAA) 2012
- Hall of Fame + Dragon Medal der MAA 2011
- Verleihung der Ehrenmedaille durch den American
  Ju-Jutsu Landesverband Hamburg e.V. für den Aufbau
  der Akademie für Frauenselbstverteidigung 1997

<u>Besondere Lehrgänge</u>
- Lehrgang bei Dan Inosanto in Speyer 1996

<u>Tätigkeiten</u>

seit 2008	Fernstudium Fitness an der BSA Akademie anerkannt durch den DSSV
seit 2001	freiberuflicher Trainer
1993 bis 2001	Landestrainer beim American Ju-Jutsu Landesverband Hamburg e.V.

<u>Mitglied in den Verbänden (Stand 01-2014)</u>
- Taijiquan & Qigong Netzwerk Deutschland e.V.
- Chinesisch-Deutscher Kampfkunstverein e.V.
- Martial Arts Association - International
- Deutsche Budo Organisation e.V.
- Deutsche Kampfkunst Föderation e.V.
- Sawah® Qigong und Taijiquan Gesellschaft
- American Ju-Jutsu Landesverband Hamburg von 1993
- Krav Maga Sawah Organisation Deutschland
- World Krav Maga Association
- Deutsches Dan-Kollegium e.V. - DDK
- F.T.U. Freie Taekwondo Union

Man kann mich als Personal Trainer für folgende Bereiche buchen:

- Muskelaufbautraining mit Geräten,
- Cardio-Training,
- Boxtraining,
- Nordic-Walking,
- Selbstverteidigung,
- Qigong, Taijiquan,
- gemeinsame Entwicklung von Trainingsplänen mit erreichbaren Zielen.

<u>Kontakt:</u>

Stefan Wahle

E-Mail: info@sw-sportbuch.de

Internet: www.sw-sportbuch.de

Fan-Page von Stefan Wahle bei Facebook.com:
http://www.facebook.com/Stefan.Wahle.Autor

Sport Awards der Martial Arts Association 2011

Aufnahme in die Hall of Fame und
Verleihung der Dragon Medal

Stefan Wahle, Lehrer für Qigong und Ju-Jutsu

www.sw-sportbuch.de